von
Carola Ruff

Trotz gewissenhafter Bearbeitung kann eine Haftung für den Inhalt nicht übernommen werden. Für aktuelle Ergänzungen und Anregungen ist der Verlag jederzeit dankbar.
Wir bedanken uns bei allen, die uns unterstützt haben.

Impressum

Gerichtsweg 28, 04103 Leipzig
Tel.: 0341 / 493574-0, Fax: 0341 / 493574-40
www.buchverlag-leipzig.de

Bildnachweis: Seite 128
Gestaltung und Satz: Gudrun Hommers, Berlin
Druck: Druckhaus Gera
Bindearbeiten: Müller Buchbinderei GmbH, Leipzig
Printed in Germany

1. Auflage 2024
ISBN 978-3-89798-684-8

Der Tag des Glücks
ist wie ein Erntetag;
Wir müssen beschäftigt sein,
wenn der Mais reif ist.

Torquato Tasso,
italienischer Dichter (1544–1595)

INHALTSVERZEICHNIS

SONNENSCHEIN AUF DEM TELLER

Mais ist in vielen Teilen der Welt ein Grundnahrungsmittel, bildet die Basis für zahlreiche Gerichte und ist aus der internationalen Küche nicht wegzudenken. Aber in Deutschland haben wir oft nicht allzu viel Verwendung für die goldgelben Körner – höchstens als Salatzutat oder auf dem Grill. Dabei ist Mais ein vielfältig einsetzbares Getreide, ob als Maismehl für Brot und Gebäck, als Zutat in Salaten und Bowls, als Tacofüllung oder knuspriges Popcorn. Er enthält wichtige Nährstoffe und ist eine gute Alternative für Menschen mit Zöliakie oder Gluten-Unverträglichkeit.

MYTHOS MAIS UND WIE ER SICH IN EUROPA VERBREITETE

Die wenigsten von uns machen sich Gedanken über die Herkunft von Lebensmitteln, wir mögen sie oder nicht. Maximal achten wir darauf, dass sie aus biologischem Anbau oder aus der Region stammen. Dabei ist auch ihre Kulturgeschichte meist richtig spannend, wie die vom Mais.

Der spanische Seefahrer Christoph Kolumbus suchte 1492 den Seeweg nach Indien und entdeckte stattdessen das heutige Südamerika. Dort fand er keine wertvollen Schätze sondern Kartoffeln, Tomaten, Kürbisse und Mais.

Am spanischen Hof, wohin Kolumbus die Früchte ausführte, wurden sie zunächst wegen ihrer schönen Blüten als Blumen kultiviert. Doch bereits Kolumbus beschreibt in seinen Tagebüchern die Maispflanze (abgeleitet von *„mahiz"* aus der Sprache der Taíno-Arawak-Indianer auf den karibischen Inseln) als äußerst wertvoll für die Nahrung und Landwirtschaft auf den Inseln vor Ort. So taucht 1503 der Mais erstmals in den Handelsregistern von Sevilla auf, das damals das Alleinrecht zum Handel mit allen aus Amerika eingeführten Gütern besaß.

Im Süden der iberischen Halbinsel war es für den Mais zu heiß, er konnte sich nur schwer gegen den dominierenden Wein-, Weizen- und Olivenanbau behaupten. Anders in Nordspanien – hier verbreitete der Mais sich schneller und half als preiswertes Nahrungsmittel bei der Versorgung der armen Bevölkerung. Von Spanien aus gelangte der Mais nach Italien, in die Gegend um Venedig. Von Venedig brachten deutsche Händler das Maiskorn nach Süddeutschland und zwar ins Rheingau und nach Baden. Dort war es warm und der Mais gedieh in den Gärten als Zierpflanze.

Der deutsche Botaniker und Arzt Hieronymus Bock (1498–1554) beschrieb das Maiskorn schon 1539 in seinem *„New Kreütter Buch"* als *Welschkorn*. Trotzdem konnte Mais im 16. Jahrhundert nur in kleinen Mengen in deutschen Gemüsegärten ge-

Maisplantage in Tepoztlán, Mexiko

funden werden, während er sich ein Jahrhundert später als Ackerfrucht etablierte. Die hohen Erträge bei der Ernte von Mais sind einer der Hauptgründe, warum Mais ab Mitte des 17. Jahrhunderts vermehrt auf den Ackerflächen vorkommt.

EIN WICHTIGES NAHRUNGSMITTEL

In den Südalpen wurde Mais bereits 1542 nicht nur als Viehfutter angebaut. Denn Mais überstand im Vergleich zu europäischen Getreidesorten längere Dürre- oder Regenperioden besser, außerdem überzeugte der Mais mit seiner kürzeren Reifezeit. Mais erforderte zwar einen höheren Arbeitseinsatz, vor allem mehr organischen Dünger, dafür lagen seine Ertragschancen höher als die der anderen Sorten. Ein weiteres Plus war, dass ein Teil der hohen Ernteerträge als Futter für die Tiere eingesetzt werden konnte, die den Dünger produzierten.

Mais wurde vor allem von Bauern mit kleinen Ackerflächen kultiviert, denn für Großbauern war der Maisanbau zu mühsam. Als die bäuerliche Bevölkerung begann, den Mais selbst zu konsumieren und den dadurch eingesparten Weizen zu verkaufen, wurde Mais geldwert.

Die Italiener hatten ebenfalls früh das Potenzial von Mais als Ackerfrucht erkannt, weil die Pflanze selbst bei heißen Temperaturen gedieh und gute Ernte brachte. Gegen Ende des 18. Jahrhunderts überholte die italienische Maisproduktion sogar die des Weizens. Von Italien aus eroberte der Mais die Balkanländer, wo er schon im 17. Jahrhundert zum Grundnahrungsmittel avancierte.

Nach Afrika kam der Mais zu Beginn des 16. Jahrhunderts über die portugiesisch besetzten Gebiete (Goldküste). Von dort verbreitete sich das Getreide bald auf dem ganzen Kontinent als wichtiges Nahrungsmittel. Vermutlich hat sich die Bevölkerung des afrikanischen Kontinents auch dank Mais erheblich vergrößert. Diese Entwicklung unterstützte den um diese Zeit entstehenden Sklavenhandel. Denn Krieg und Sklavenhandel beeinflussten die Maisproduktion an der Goldküste, man nutzte ihn zur Versorgung auf Reisen oder bei Truppeneinsätzen. Vor allem gerösteter Mais war wegen der längeren Haltbarkeit sehr beliebt. Es gab in Ghana auch Mais-Bier namens Pito, wie der holländische Kaufmann und Entdeckungsreisende Pieter de Marees berichtete.

In Accra, der Hauptstadt von Ghana, hatte sich der Mais bis Ende des 17. Jahrhunderts als Hauptgetreide durchgesetzt. Die einstigen Ureinwohner, der Stamm der Ga, nutzte Mais als Fruchtbarkeitssymbol – junge Frauen, die zum ersten Mal schwanger waren, bestrichen ihre Bäuche mit Maisbrei.

Sogar in der Schweiz wurde der Mais heimisch. Er wuchs im feuchtwarmen Klima des St. Galler Rheintals und entwickelte sich zu der mittlerweile mit geschützter Herkunftsbezeichnung erhältlichen Sorte: *Rheintaler Ribelmais.* In den Alpenländern und auf dem Balkan ersetzte Maisbrei oft das Brot und ist auch heute noch beliebt.

Im 17. Jahrhundert führte eine kleine Eiszeit zu schlechteren klimatischen Bedingungen für den Mais, wodurch es zu Missernten kam. 1753 berichten

Wichtiger Bestandteil afrikanischer Mahlzeiten: Maisbrei (Ugali)

Ärzte von einer rätselhaften Krankheit aus Regionen, wo sich die arme Bevölkerung fast nur von Mais ernährte. Die sogenannte „Pellagra" (= raue Haut) verursachte schwere Hautveränderungen. Erst nach fast hundert Jahren erkannten die Ärzte den Grund: Die Mayas hatten die Körner vor dem Kochen in kalkhaltigem Wasser eingeweicht. So war das für die Menschen lebenswichtige Vitamin B3 verfügbar geworden.

Mais erlebte seine richtige kleine Blütezeit erst im 18. Jahrhundert. Mit der Erwärmung verschob sich später die Anbaugrenze Richtung Norden. 1805 und 1806 gab es durch Kartoffel-Missernten schlimme Hungersnöte. Als Ersatz begann man Maissorten zu züchten, die für das etwas strengere mittel- und norddeutsche Klima geeignet waren.

MAIS BOTANISCH UND DIE ANGEBAUTEN SORTEN

Bereits 3.000 v. Chr. wurde Mais in Mexiko angebaut. Archäologen haben in den Höhlen von Puebla in Mexiko über 5000 Jahre alte Urformen des Mais gefunden. Mais stammt demnach von dem unscheinbaren Wildgras *Teosinte (Euchlaena Mexicana)* ab.

Mais gehört zur Familie der Süßgräser. Die einjährige, kräftige Pflanze mit einer Wuchshöhe von bis zu 3 Meter ist einhäusig, d.h. jede Pflanze trägt männliche wie auch weibliche Blüten. Die weiblichen Blüten sitzen in mehreren,

achselständigen Kolben, die von Scheidenblättern (Lieschblätter) umhüllt sind. Sie bilden einen langen Griffel (auch Maisbart genannt). Der Griffel fängt die vom Wind herangetragenen Pollen. Die männlichen Blüten (Rispen) befinden sich an der Spitze der Pflanze. Erst nach der Bestäubung der weiblichen Blüten entwickeln sich an den Kolbenachsen die Körner. Jede Pflanze bildet maximal zwei Kolben voll aus, obwohl sie mehrere weibliche Blütenansätze besitzt. Die Körner sind heute meist goldgelb, es gab und gibt aber auch Sorten mit rötlichen und dunklen Körnern. In Mitteleuropa reicht die Blütezeit von Juli bis September.

Teosinte (Zea sp.),
Ethnobotanischer Garten, Oaxaca, Mexiko

Es werden zwei Arten von Mais angebaut – Körnermais und Silomais.

Der **Silomais** wird als ganze Pflanze geerntet. Die Pflanzen werden mit Stängel, Blättern und Kolben klein gehäckselt und in Silos konserviert. Diese Silage wird entweder als Futtermittel oder zur Erzeugung von Biogas und Biokraftstoff eingesetzt.

Beim Körnermais wird nur das reife Maiskorn geerntet. Der Rest der Pflanze bleibt als Humuslieferant auf dem Feld. Etwa 70 % werden als Tierfutter verwendet, 10 % für menschliche Nahrung.

Zum **Körnermais** zählen Hart- oder Steinmais, Zahnmais, Weich- oder Stärkemais, Perlmais und Zuckermais.

Männliche Blüten (links oben – Rispen) und weibliche Blüten (rechts – Maisbärte)

Zuckermais (lat. *Zea mays convar. saccharata*, engl. *sweet corn*, franz. *mais sucré*) kennt man auch unter den Bezeichnungen Kukuruz, Zuckerkorn, Gemüse- oder Süßmais. Im Unterschied zu den anderen Korntypen wird bei seiner Reife der enthaltene Zucker nur langsam in Stärke umgewandelt. Dadurch schmecken die Körner von Zuckermaiskolben bei der Ernte angenehm süß.

Für Popcorn eignet sich nur **Perl**- oder **Puffmais**, der besonders viel Wasser enthält. **Weichmais** besitzt eine geschmeidige Stärke. Er kann gut zu Pasten und Teigen (z.B. Tortillateig) verarbeitet werden. **Hartmais** hingegen enthält eine spröde Stärke, lässt sich daher nur schwer verarbeiten und wird meist als Futtermittel oder Maisstärkemehl verwendet.

Zahnmais besitzt in den USA den größten Anteil an der Maisanbaufläche. Sein Endosperm hat einen Kern mit weicher Stärke und eine äußere Hülle mit harter Stärke. Dieser Mais wird als Viehfutter genutzt.

Weltweit wurden 2022/23 etwa 2,7 Milliarden Tonnen Getreide geerntet, davon 1,15 Milliarden Tonnen Mais. Die führenden Erzeugerländer und Exporteure sind die USA und Brasilien. China ist ebenfalls ein großer Erzeuger, verbraucht aber das meiste im eigenen Land. Die Ukraine war auch ein starker Exporteur. Durch den Russland-Ukraine-Krieg sind die weltweiten Maispreise jedoch sehr angestiegen.

Viele glauben, dass Mais als Lebensmittel bei uns in Deutschland erst nach dem Zweiten Weltkrieg durch Care-Pakete und in den 1950er-Jahren durch amerikanische Filme und Comic-Hefte, in denen die Protagonisten Popcorn und gegrillte Maiskolben verspeisten, populär wurde. Oder dass mit dem Reisetourismus nach Italien Polenta, der italienische Maisbrei, auf deutsche Tische kam. Doch Mais-Rezepte in alten Kochbüchern zeigen, dass Mais schon viel früher bei uns in vielerlei Formen zubereitet wurde. Er geriet jedoch in den 1930er und 40er-Jahren, als man alles Urdeutsche bevorzugte, in Vergessenheit.

Heute können wir Mais das ganze Jahr über in allen Varianten, ob frisch, vorgekocht, in Dosen oder auch tiefgefroren genießen.

Maisernte

GESUNDE INHALTSSTOFFE

100 g frischer Zuckermais enthalten rund 90 kcal, das sind etwa 15–20 g Kohlenhydrate, 3 g Protein und 1 g Fett. Er spendet uns nicht nur Energie, sondern auch wertvolles Vitamin C sowie fünf B-Vitamine wie B1 (Thiamin), B3 (Niacin), B5 (Pantothensäure), B7 (Biotin) und B9 (Folsäure). Sie sorgen für schöne Haut und Haare und helfen, den Hormonhaushalt zu regulieren. Mais enthält auch Mineralstoffe wie Eisen, Kalium, Kalzium, Magnesium, Zink, Phosphor und Selen für den Stoffwechsel und das Immunsystem sowie Carotinoide für gutes Sehvermögen und Aminosäuren, die wir für den Muskelaufbau brauchen.

Mais bietet Menschen, die an Zöliakie (durch glutenhaltige Lebensmittel verursachte chronisch entzündliche Darmerkrankung) leiden und sich deshalb glutenfrei ernähren müssen, eine gute Alternative zu Weizen- und Roggenprodukten. Denn im Gegensatz zu Weizen, Gerste oder Roggen weist Mais kein Gluten auf. Der leicht verdauliche Mais wird auch von Menschen gut vertragen, die einen empfindlichen Magen-Darm-Trakt haben.

Maiskörner müssen **gut gekaut werden**, damit der Organismus die wertvollen Nährstoffe im Mais aufnehmen kann. Außerdem spüren wir beim gründlichen Kauen wieder unser Hunger- und Sättigungsgefühl, das hilft beim Abnehmen oder Schlankbleiben. Die ersten Maiskörner waren teilweise gelb, aber auch rot, blau und violett, wie sie heute noch in Südamerika und Mexiko üblich sind. Bei uns haben sich die gelben Körner durchgesetzt. Für die anderen Farben sind pflanzliche Farbstoffe, die sogenannten Anthocyane, verantwortlich. Sie sollen Krebs, Herz-Kreislauf-Erkrankungen, Diabetes und Übergewicht vorbeugen. Daher bemühen sich Züchter, die alten Sorten mit bunten Körnern auch hier anzusiedeln. Wer einen Garten hat und Mais pflanzen möchte, kann jetzt schon Saatgut mit bunt gemischten Körnern kaufen.

MAIS SELBER ANBAUEN

Für den Balkon eignet sich z. B. die frühreife, mittelhohe Zuckermaissorte »Damaun«. Die Maiskolben werden etwas kleiner als die von späteren Sorten. Mit ca. 50 cm Wuchshöhe und einer Reifezeit von nur 55 Tagen überzeugt auch die sehr frühe Sorte »Yucon Chief«. Sie bildet 10–12 cm lange, goldgelbe, süße Maiskolben aus.

Zuckermais benötigt ausreichend Wärme und sollte im Garten erst gesät oder gepflanzt werden, wenn die Tage und Nächte frostfrei sind. Oder man schützt die kleinen Keime gegen Spätfrost mit einer Abdeckung. Werden die

Junge Maispflanzen im Garten

Pflanzen vorgezogen, kann man Mitte April damit beginnen und die Jungpflanzen 2–3 Wochen später ins Freiland respektive in einen Topf pflanzen. Anfang Mai werden die vorgezogenen Maispflanzen in ein Beet oder einen Topf gepflanzt und können weiterwachsen. Wählen Sie für den Mais einen sonnigen Platz, z. B. an einem Zaun oder auf dem Balkon. Zuckermais ist besonders wärmebedürftig und benötigt Temperaturen von 24 bis 29 °C sowie viel Sonne, um sich gut zu entwickeln. Zuckermaispflanzen werden vom Wind bestäubt, deshalb ist die Pflanzung in Gruppen besser als in Reihen. So wird sichergestellt, dass sie sich gegenseitig bestäuben. Mais ist ein Starkzehrer und hat hohe Ansprüche an den Nährstoffgehalt des Bodens.

Zur Blütezeit empfiehlt sich eine Düngergabe. Gießen Sie die Maispflanzen regelmäßig aber sparsam. Mais ist relativ trockentolerant, ständige Trockenheit lässt die Kolben aber klein bleiben, Staunässe verträgt der Mais jedoch nicht. Der Mais ist reif, wenn man in ein Korn sticht und eine helle Flüssigkeit austritt.

Gut zu wissen: Wenn Sie den Wurzelballen etwas tiefer als im Ansaatgefäß in den Boden setzen, kann die Maispflanze weitere seitliche Stützwurzeln ausbilden und gegen starken Wind standfester werden.

Wer in der Nähe eines Maisfeldes wohnt, wird leider kaum süßen Zuckermais sondern Futtermais ernten.

UMWELTFREUNDLICHER MAIS

Mais war die Pflanze des Jahres 2021/22. Neben der kulinarischen Vielfalt oder der Nutzung als Tierfutter ist Mais in all seinen Teilen als nachwachsender Rohstoff vielseitig verwendbar. Am wichtigsten ist die Nutzung von Maissilage als Bestandteil von Biogassubstrat für Biokraftstoff. Aus Maisstärke werden kompostierbare Verpackungschips, essbares Geschirr oder sich selbst auflösendes Nahtmaterial produziert. Sogar in der Tablettenherstellung kann man auf Maisstärke nicht verzichten.

In den USA nutzt man den bei der Körner-Ernte übrig bleibenden leeren

Kolben als einfache Tabakspfeife, die sogenannte „Missouri-Meerschaum-pfeife", die auch in Europa im Tabak-handel verkauft wird. Prosaischer ist die Herstellung von Ölbindemittel oder Grillkohle aus den Rest-Kolben.

Tier- und Naturfreunde, die die „Vermaisung" der Landschaft kritisieren, kann man vielleicht damit trösten, dass in den großen Maisfeldern viele Tiere wie Rebhühner, Fasane, Füchse, Marder, Feldhasen, Mäuse etc. bis zur Ernte Unterschlupf und Futter finden. Im Herbst freuen sich Meisen, Rotkehlchen und auch seltenere Vögel über reichlich Futter.

Außerdem bindet Mais im Vergleich zu anderen Ackerfrüchten besonders viel Kohlenstoffdioxid. Auf der Fläche von etwa einem Fußballfeld bindet er ungefähr den jährlichen Kohlenstoffdioxid-Ausstoß von acht Autos. Es gibt Studien, die vorschlagen, Reste der Maisernte und andere Getreideabfälle als Strohballen zusammengepresst zur CO_2-Speicherung in der Tiefsee zu versenken. 2–3 km tief, am Meeresgrund, würden sich die Abfälle durch den großen Druck, die 4 Grad kalte Wassertemperatur und den wenigen Sauerstoff extrem langsam zersetzen und dadurch Hunderte von Jahren den Kohlenstoff festhalten. Ein Lichtblick für den Klimaschutz?

Pfeife aus einem Maiskolben

MAIS-PRODUKTE IM HANDEL

Babymais sind etwa 10 cm lange unreif geerntete Maiskolben, die man im Ganzen z.B. für Wok- oder Pfannengerichte verwendet. Außerdem werden sie wie Pickles in Essig eingelegt.

Cornflakes gibt es pur, mit Zucker, Nüssen und Schokolade verfeinert.

Maiscouscous ist außer für Couscous auch gut geeignet für die Maisgerichte aus den Balkan- und Alpenländern.

Maisflocken sind etwas zarter als Cornflakes und werden nur pur angeboten.

Maisgrieß ist die Grundlage von Polenta.

Zum Anbeißen: Babymais

Maisbarttee wird aus Maishaaren (Maisbart), die feinen, seidigen Fusseln, die den Maiskolben umhüllen, gewonnen. Sie enthalten Vitamin C, einige B-Vitamine, Gerb- und Bitterstoffe wie auch ätherische Öle, Vitamin K und Salicylsäure.

Für eine Tasse Tee 1–2 TL geschnittenen Maisbart mit 150 ml kochendem Wasser übergießen, 5 Minuten ziehen lassen, abseihen. Der Tee soll erfrischen, entspannen und harmonisieren.

ACHTUNG: Den Tee nicht trinken, wenn man friert. Er ist auch nicht für Kinder geeignet.

Maiskeimöl wird aus Mais-Keimlingen gewonnen. Man kann es bis 200 °C erhitzen, es eignet sich zum Frittieren und Braten.

Glutenfrei: Maismehl

Maiskörner kann man pur oder mit Chilis vermischt konserviert in diversen Dosengrößen kaufen.

Maismehl enthält kein Gluten. Daraus gebackene Brote ähneln unseren Sandkuchen. Sie sind vor allem in Amerika sehr beliebt.

Maisnudeln gibt es in Spaghettiform, als Kurz- und feine Suppennudeln. Sie sind etwas dunkler als Nudeln aus Weizenmehl und für eine glutenfreie Ernährung geeignet.

Maissirup (hell oder dunkel) ist ein vollwertiges Süßmittel und kann sogar als Brotaufstrich verwendet werden.

Maisstärke (z. B. *Maizena, Mondamin)* dient zum Andicken von Suppen oder Saucen.

Nachos oder **Tortilla-Chips** sind Mais-Chips zum Knabbern.

Popcorn-Mais braucht man für die häusliche Popcorn-Herstellung.
Tacos werden als Halb-Schalen angeboten und können für einen Snack oder eine kleine Mahlzeit mit Gemüse, Fleisch oder Pilzen gefüllt werden.
Zuckermais-Kolben werden frisch, gefroren, vorgekocht und vakuumverpackt oder in Dosen angeboten.

Die Produkte besitzen unterschiedlich hohe Kalorienmengen:

- **100 g frischer Mais, gekocht:** 90 Kalorien (kcal)
- **Mais aus der Dose:** 80 kcal
- **getrockneter Mais:** 350 kcal
- **gegrillter Maiskolben:** 93 kcal
- **gerösteter, gesalzener Mais:** 434 kcal
- **100 g ungesüßtes Popcorn:** 330 kcal

Gut zu wissen: Popcorn enthält oft noch Fett oder Zucker, was den Kaloriengehalt pro 100 g auf bis zu 400 kcal hochtreiben kann. Trotzdem ist es „gesünder" als alle Chips-Sorten.

KÜCHENTIPPS

Die Rezepte sind für 2 Personen angelegt, wenn nicht anders angegeben wie z. B. bei Gerichten für Gäste.

Um viele Rezepte zeigen zu können, sind küchentechnische Selbstverständlichkeiten wie Waschen, Putzen, artentypisches Zerkleinern von Gemüse u. ä. nicht ausführlich beschrieben.

Das bedeutet beim **Backen**, dass man die **Formen fetten** muss, außer es handelt sich um Backpapier, Backmatten oder Formen aus Silikon. Alle Backformen werden nur zu **dreiviertel gefüllt**, da die Teige beim Backen noch aufgehen.

Temperatur: Vorrangig Umluft, ist Ober- und Unterhitze erwünscht, wird dies mit O/U abgekürzt. Soll der Backofen **vorgeheizt** werden, steht die Temperatur am Beginn des Rezeptes. Steht sie dagegen mitten im Rezept, kommt das Backwerk an dieser Stelle in den noch kalten Ofen. Erst dann ist die gewünschte Temperatur einzustellen.

Viele Gerichte können statt im Backofen auch in einer **Heißluftfritteuse** zubereitet werden. Dabei werden die Zubereitungszeiten erheblich verkürzt, außerdem spart es Strom. Frische **Maiskolben** können darin in wenigen Minuten **gegrillt** werden.

Grillgut oder Gebäck auf einem Küchengitter **abkühlen** lassen, ohne dass es sich berührt, damit es knusprig bleibt.

Mit **Brühe** ist eine selbst gekochte Fleisch- oder Gemüsebrühe, ein gekaufter Fleisch- oder Gemüsefond im Glas oder Wasser mit Brühwürze gemeint. Werden im Rezept Milch, Butter, Sahne und Hackfleisch verlangt, kann man sie auch mit bevorzugten **veganen Produkten** ersetzen.

Knoblauch-Fans können allen herzhaften Gerichten 1 fein gewürfelte, zerdrückte Zehe zugeben. Das ist in den Rezepten nicht extra angegeben.

Für **Zitrusfrüchte** bitte Bio-Ware bevorzugen, denn neben dem Saft sollte man immer ein wenig frische Schale dazu reiben, es schmeckt gleich viel frischer.

1 **Maiskolben** hat ca. 100–150 g Körner. Im Rezept wird nur die Körnermenge genannt, jedoch nicht, ob es Dosen- oder frisch vom Kolben geschnittene Körner sind. Schneiden Sie

entweder die Körner direkt vom Kolben oder nehmen die Menge gut abgetropft aus einer Dose.

Da Mais relativ schnell gar ist, sämtliches Gemüse eines Rezeptes möglichst klein schneiden.

Frische Kolben kochen: Hüllblätter entfernen, Barthaare abstreifen und die Körner mit einem scharfen Messer rundum dicht am Kolben abschneiden. Man kann den Maiskolben auch im Ganzen kochen. Passt er nicht in den Topf, mittig mit einem Messer rundum anritzen und dann auseinander brechen. Kochen Sie den abgeschälten Kolben ruhig mit. Die Körner werden dabei kräftiger im Geschmack. Mit heißem Wasser und 1 TL Zucker, um den Geschmack zu intensivieren, zugedeckt 15 Minuten bei mittlerer Temperatur kochen. Der Mais ist gar, wenn ein in ein Korn gepikter Zahnstocher nach einem kleinen Widerstand in das Korn hineingleitet.

Vakuumverpackte Maiskolben sind schon vorgekocht und müssen nur erhitzt werden (in Wasser oder auf dem Grill, besonders schnell kann man sie in der Heißluftfritteuse grillen). Den gekochten Maiskolben abtropfen lassen, mit Butter oder Öl einstreichen und mit Salz und Kräutern bestreuen. Im Fachhandel / Internet gibt es kleine Spieße aus Holz/Plastik, die man links und rechts in den Kolben steckt, so kann man sie, ohne sich die Finger zu verbrennen, genüsslich essen. Alternativ tun es auch jeweils 2 oder 3 Zahnstocher in den Kolbenenden.

REZEPTE

Amerikanisches Maisbrot

150 g Maismehl • 150 g Mehl Type 405 • 1 TL Salz • 1 TL Natron • 2 TL Backpulver • 1 EL Zucker • 2 Eier • 150 g Frischkäse • 150 g Buttermilch • 1 EL grober schwarzer Pfeffer • 1 TL Öl für die Form

Die trockenen Zutaten mischen, dann die feuchten Zutaten zügig unterkneten, die Masse in eine gefettete Backform füllen. Bei 180 °C 30 Minuten backen, im Ofen abkühlen lassen. Schmeckt auch sehr gut als Beilage zu saucenreichen Gerichten.

Glutenfreies Maisbrot

125 g Maismehl • je 25 g Reismehl, Mais- und Kartoffelstärke • 1 ½ TL Backpulver (glutenfrei) • 1 TL Salz • 1 Ei • 175 ml Buttermilch • 1 TL Honig • 1 EL Butter

180 °C O/U. Trockene Zutaten mischen, feuchte Zutaten gut unterrühren. Den Teig 15 Minuten ruhen lassen. Eine längliche Kastenform mit Backpapier auslegen, damit das Brot besser aus der Form kommt. Teig hineinfüllen, ca. 40 bis 50 Minuten backen. Im Backofen auskühlen lassen.

1/1
1000 ml
900 ml
3/4
800 ml
700 ml
600 ml
1/2
500 ml
1/4

Italienisches Maisbrot

125 g Maisgrieß • 40 g Maisstärke • 40 g Mehl Type 405 • 1 TL Backpulver • 1 TL Salz • ½ Bund fein gehacktes Basilikum • 100 g Butter • 100 g Magerquark • 2 Eier • 1 EL Paniermehl für die Form

170 °C. Die trockenen Zutaten mischen, dann mit den feuchten Zutaten zu einem cremigen Rührteig verarbeiten. Backform mit Paniermehl ausstreuen, Teig einfüllen und in ca. 35 Minuten goldbraun backen.

Mais-Käsebrötchen

50 g Weizenmehl • 50 g Polenta (Maisgrieß) • 1 TL Backpulver • Pfeffer • Salz • 50 g geriebener würziger Käse • 1 Ei • 100 ml Sauerrahm • 150 g Mais • 1 Chilischote • 1 EL fein geschnittene Kräuter • 1 EL Butter • 1 EL Olivenöl

220 °C. Trockene Zutaten mischen, dann die feuchten Zutaten einrühren, würzen. In ein Muffinblech oder kleine Backformen füllen, 20 Minuten backen, bis sie goldgelb sind, abgekühlt auf ein Kuchengitter stürzen. Ideal zu Tomatensuppe oder Salat.

Veganer Brotaufstrich

Für 1 Glas à 500 g:
100 g Maiswaffeln (Fertigprodukt) • 2 kleine Zwiebeln • 4 EL Tomatenmark • 1 TL Sojasauce • Pfeffer • Salz • fein gemahlener Kümmel

Waffeln zerbröseln und in 300 ml Wasser 5 Minuten einweichen. Zwiebeln fein hacken. Wasser von den Waffeln abgießen, Waffelbrösel mit den übrigen Zutaten gut vermischen, herzhaft würzen. Über Nacht im Kühlschrank ziehen lassen, auf Bauernbrot servieren.

Der Aufstrich hält sich im Kühlschrank 3 bis 4 Tage.

Tomaten-Mais-Omelette

2 kleine Zwiebeln • 1 Snackpaprika • 75 g Schinkenspeck • 1 EL Öl • 2 Eier • 75 g Hartkäse oder Feta • 1 EL Milch • 75 g Maiskörner • Pfeffer • Salz • Paprikapulver • 6–8 Cocktailtomaten, halbiert

Fein gehackte Zwiebeln und Paprika mit Schinkenwürfelchen im Öl andünsten. Inzwischen Eier, Käse und Milch pürieren, zuletzt die Maiskörner zugeben. Sie sollen nicht cremig, sondern nur zerkleinert werden. Die Masse in die Pfanne gießen, die Tomatenhälften hineindrücken, bei kleiner Hitze stocken lassen, bis die untere Seite richtig knusprig, die obere Seite fest wird. Zu Tortilla-Chips oder Brot servieren.

Cornflakes

Corn- oder Maisflakes sind aus gekochtem, ausgewalztem und danach getrocknetem Mais hergestellt. Sie werden meist mit Milch oder Fruchtsaft verzehrt, schmecken aber besser, wenn die Flüssigkeit erst dazugegeben wird, wenn man mit dem Essen beginnt. Besonders Kinder mögen es gar nicht, wenn die Flakes nicht mehr knusprig, sondern schlabbrig sind.

BEILAGEN: POLENTA & CO.

So wie Müsli oder Porridge heute als Frühstück beliebt sind, wurde früher, besonders in ländlichen Regionen der Balkanländer, Österreich oder Schweiz, ein deftiger Brei aus Mais zum Frühstück gereicht. Diese Gerichte schmecken heute als kleine deftige oder süße Mittagsmahlzeit, zum Nachmittags-Kaffee, auch als Abendbrot oder Beilage zu saucenreichen Fleischgerichten.

Kärntner Sterz

½ TL Salz • 200 g sehr grober Maisgrieß (ersatzweise Mais-Couscous) • 1 EL Butter

300 ml Wasser mit Salz in einer großen Pfanne erhitzen. Grieß in das kochende Wasser geben, umrühren. In der abgedeckten Pfanne bei kleiner Hitze 30 Minuten quellen lassen. Die Butter in Flocken auf dem Sterz verteilen und weitere 10 Minuten ohne Deckel ziehen lassen.

Pur essen oder als Kindermahlzeit in warmen Kakao verrührt servieren. Reste können in Scheiben geschnitten in Butter angebraten werden.

Vorarlberger Riebel

300 ml Milch • 1 TL Butter • 150 g Maisgrieß • ½ TL Salz • 1 EL Butter • 1 EL Zucker • ½ TL Zimt

Milch, Butter, Salz und Maisgrieß in einem Topf aufkochen und quellen lassen. In einer Pfanne 1 EL Butter erhitzen, Maisbrei hineingeben und mit Zucker verrühren, bis sich kleine Kugeln bilden. Mit Zimt bestreut zu Apfelmus servieren.

Italienische Polenta (Grundrezept)

500 ml Milch oder Brühe • ½ TL Meersalz • 200 g Maisgrieß (Polenta) • 100 g Butter oder Olivenöl

Flüssigkeit evtl. salzen, erhitzen, Grieß einrieseln lassen und unter ständigem Rühren kochen, Temperatur herunterschalten und quellen lassen. Vor dem Anrichten mit der Gabel auflockern. Nach Geschmack mit 100–150 g fein geriebenem Parmesan verfeinern. Soll die Polenta zu einem saucenreichen Fleischgericht gereicht werden, auf Käse verzichten.

Rumänischer Mamaliga

250 ml Milch • 2 EL Butter • 1 Prise Salz • 125 g Maisgrieß • 50 g Schafskäse • 1 Zweig Thymian • 1 Prise Paprika • 1 Prise Pfeffer

Milch und 250 ml Wasser mit Butter und Salz aufkochen. Grieß nach und nach einrieseln lassen, aufkochen und dann bei kleiner Hitze unter ständigem Rühren quellen lassen. Schafskäse zerbröseln und unter den Brei rühren. Thymian herausfischen. Würzen und als Beilage zu Fleisch- oder Gemüsegerichten servieren.

Burgenländer Kukuruzflecken

100 g Speckwürfel • ½ l Milch • Pfeffer • Salz • 200 g grober Maisgrieß (ersatzweise Couscous)

180 °C. Speckwürfel ausbraten, Fett in eine flache Backform gießen. Speckwürfel mit der Milch erhitzen, würzen, aufkochen, Grieß zugeben und unter Rühren zu einem dicken Brei kochen. Die Masse in die Backform streichen und zugedeckt etwa 20 Minuten backen, stürzen, in Vierecke schneiden. Dazu saure Milch, Joghurt oder grünen Salat reichen.

Interessant: *Kukuruz* soll von dem Ruf stammen mit denen Hühner zum Futter – mit Maiskörnern – gelockt werden.

Suppeneinlage: Polentaklößchen

100 ml Milch • Salz • Muskat • 75 g Maisgrieß • 1 Ei • 30 g geriebener Parmesan/ Bergkäse • 1 EL gehackte Petersilie • 1 EL Butter

Milch mit je 1 Prise Salz und Muskat aufkochen, Grieß einrieseln und ohne Hitze 5 Minuten quellen lassen. Restliche Zutaten unterrühren, mit 2 Teelöffeln Klößchen abstechen. ½ l Wasser aufkochen, leicht salzen, Klößchen im Wasser ziehen lassen. Steigen die Klößchen nach oben, sind sie fertig. Abschöpfen und in einer bereitstehenden klaren Fleisch- oder Gemüsesuppe servieren.

Tipp: Die Klößchen schmecken auch in einer Tomatensauce oder mit Käse überbacken als kleines Gericht. Mit Zucker und Zimt statt mit Salz und Käse gewürzt, sind die Klößchen zusammen mit einem säuerlichen Kompott aus Rhabarber, Apfelmus etc. ein frischer, sättigender Nachtisch oder ein sommerliches Hauptgericht.

Tex-Mex-Gewürz

Zu jeweils gleichen Teilen Pfeffer, Paprika, Kreuzkümmel, Knoblauch, Kurkuma und grobkörniges Meersalz vermischen und mit getrockneten Chilischoten in einer Gewürzmühle vermahlen.

Mais-Bohnen-Salat

Salatzutaten:
250 g schwarze Bohnen (Dose) • 1 kleine Dose Mais • 75 g Ananasfruchtfleisch • ½ Spitzpaprika • 1 kl. Bund Blatt-Petersilie • Pfeffer • Salz • Paprika

Dressing:
4 TL Zitronensaft • 2 TL Maissirup • Pfeffer • Salz • 1 TL Zitronenabrieb • 5 TL Olivenöl

Dressingzutaten gut miteinander verquirlen. Bohnen, Mais und Ananas gut abtropfen lassen. Ananas und Paprika würfeln. Alles mit Dressing vermischen, herzhaft würzen, etwas ziehen lassen, vor dem Servieren mit fein gehackter Petersilie mischen. Schmeckt zu Baguette oder Nachos, gekauft oder selbst gebacken (Rezept Seite 108).

Tipp: Maissirup kann man alternativ mit Dosen-Ananassaft ersetzen.

Heringssalat

Für 4 Portionen

4 halbe Matjesheringe • 1 große Zwiebel • 1 kleiner roter Apfel • 1 Gurke • 1 Zweig frischer, fein gehackter Dill • 1 EL Zitronensaft • Pfeffer • Salz • 1 Msp. Zucker • 100 g Mais

Heringe, Zwiebel, Apfel und Gurke in kleine Stücke schneiden. Gewürze in der Salatschüssel verrühren, alle Salatzutaten im Dressing vorsichtig miteinander vermischen, mindestens 10 Minuten ziehen lassen.

Buntes Spargelgemüse

1 Bund grüner Spargel • je 1 Msp. Zucker und Salz • 100 g Sonnenblumenkerne • je 100 g Naturjoghurt und saure Sahne • 1 kl. Bund Bärlauchblätter • 1 Avocado • 100 g Mais • 1 rote Paprika

Spargel mit Zucker und Salz in Wasser aufkochen. Sonnenblumenkerne mit heißem Wasser überbrühen, abgießen. Die Kerne mit Joghurt, Sahne, Bärlauchblätterstreifen und Avocado pürieren. Spargel aus dem Wasser nehmen, abtropfen lassen. Mais und Paprikawürfel kurz im Spargelwasser erhitzen. Den Spargel mit gut abgetropftem Mais und Paprika mischen, die kernige Joghurtsauce unterheben. Dazu Nachos, kleine Kartoffeln oder Baguette.

Maiscremesuppe

4–5 zarte Maiskolben • Salz • 2 EL Mehl • 4 EL Butter oder Margarine • ¾ l Milch

Frischen Mais putzen, waschen, 25 bis 30 Minuten in Salzwasser kochen und dann pürieren. Aus Mehl und 2 EL Butter eine goldgelbe Mehlschwitze bereiten, heiße Milch zugießen und aufkochen lassen. Den Mais hineinschütten und alles 15 bis 20 Minuten kochen. Dann die Suppe durch ein Sieb streichen, salzen und mit der restlichen Butter anrichten. Mit Toast oder Maisflocken servieren.

Schneller Gemüse-Obst-Salat

1 TL abgeriebene Zitronenschale • Saft von ½ Zitrone • 1 EL Joghurt • 1 säuerlicher Apfel • 100 g Mais • 1 Handvoll schwarze, entsteinte Oliven • 1 Mandarine • 1 Chicoree-Knolle

Für das Dressing Zitronenschale, -saft und Joghurt gut verrühren. Apfel in hauchdünne Scheibchen schneiden. Mit Mais, Oliven, Mandarinen- und Chicoreescheiben mischen und zum Dressing geben.

Bananensuppe mit Chili und Mais

1 große Zwiebel • 300 g Kartoffeln • 1 EL Butter • 1 Tomate • 1 Banane • 1 Chilischote • 500 ml Brühe • 100 g Mais • Pfeffer • Salz

Zwiebel- und Kartoffelwürfel in der Butter glasig dünsten. Klein geschnittene Tomate, Bananenscheiben und fein geschnittene, entkernte Chili zugeben, mit der heißen Brühe aufgießen, aufkochen. Sind die Kartoffeln gar, Mais zugeben, würzen.

Tipp: Im afrikanischen Original-Rezept wird Kochbanane genommen. Die Kombination aus normaler Banane und Kartoffel schmeckt aber auch sehr gut.

Tomaten-Mais-Suppe

Für 4 Portionen

3 EL Öl • 1 Zwiebel • 1 Chilischote • 500 g passierte Tomaten • 750 ml Brühe • 200 g Mais • Pfeffer • Salz • 1 Prise Koriander • evtl. etwas geriebener Käse

Öl erhitzen, Zwiebel- und Chilischotenwürfel darin anbräunen, mit Tomaten und Brühe ablöschen, 5 Minuten köcheln lassen. Mais zugeben, würzen und solange köcheln, bis die Zwiebel gar ist. Zum Servieren auf Wunsch etwas Käse auf der Suppe ziehen lassen.

Gulaschsuppe

250 g Rindfleisch • 1 EL Butter • 1 EL Paprikapulver • 150 g Zwiebeln • 1 rote Paprikaschote • 1 kleine rote Chilischote • 1 EL Tomatenmark • 500 ml Brühe • je 1 Msp. Kümmel und Pfeffer • 200 g Kartoffelwürfel • 100 g Mais (Dose)

Fleischwürfel in der Butter anbraten, mit Paprikapulver bestäuben, herausnehmen und beiseite stellen. Im Bratenfett Zwiebel-, Paprika- und Chilistreifen anbraten, Tomatenmark zugeben, mit Fleischbrühe ablöschen. Fleisch wieder zugeben, ca. 1 Stunde schmoren. Gewürze in einem Tee-Ei, Kartoffeln und Mais zugeben und 30 Minuten weiter schmoren. Würzen und die Suppe in Schalen servieren.

LECKERES FÜR GÄSTE

Chili con Carne

Für 4 Portionen

2 Zwiebeln • 2 Knoblauchzehen • 2 EL Öl • 750 g Hackfleisch (halb und halb) • 1 Paprikaschote • 2 EL Tomatenmark • 2 Dosen stückige Tomaten • ½ l Brühe • 1 Dose Kidneybohnen (480 g) • 1 Dose Mais (200 g) • Pfeffer • Salz • Paprika- und Chilipulver • 1 Msp. Zucker

Fein gehackte Zwiebeln und Knoblauch im erhitzten Öl anbraten, unter Rühren das Hackfleisch zugeben, Paprikawürfel und Tomatenmark zum

Fleisch geben, mit den stückigen Tomaten ablöschen, würzen. Mit Brühe auffüllen und bei mittlerer Hitze etwa 30 bis 45 Minuten einkochen. Wenn die Flüssigkeit etwas eingekocht ist, Bohnen und Mais zugeben, nur wenige Minuten mitgaren, dann nachwürzen und zu Reis, Tortillas, Nachos oder Baguette servieren.

Tipp: Schmeckt als *Chili sin Carne* auch ohne Fleisch, als Fleischersatz 2 große gewürfelte Kartoffeln und 1 Dose rote Linsen verarbeiten.

Chorba-One Pot aus Marokko

Für 8 Portionen

2 Zwiebeln • 2 Möhren • 2 Kartoffeln • 2 EL Olivenöl • 500 g Lamm- oder Rindfleisch • 1 EL Tomatenmark • 2 TL gemahlener Kurkuma • Pfeffer • Salz • 100 g Maisspaghetti • 1 Msp. Harissa • 100 g Maiskörner • 4 EL Petersilie

Zwiebeln in feine Streifen, Möhren und Kartoffeln in Würfel schneiden. Zwiebeln im Öl goldgelb anbraten. Fleischwürfel dazugeben und scharf anbraten. Die Gemüsewürfel zufügen und mitschmoren. Tomatenmark und die Gewürze einrühren und mit 1 l Wasser ablöschen. Köcheln lassen, bis das Fleisch weich ist (ca. 45 bis 60 Minuten).

Nun die etwas zerbrochenen Nudeln, Harissa und Mais zugeben und köcheln, bis auch die Nudeln gar sind. Mit 3 EL fein gehackter Petersilie aufkochen, nachwürzen und mit der übrigen Petersilie bestreut servieren.

Zucchini-Polenta mit Schmorzwiebeln

250 g rote Zwiebeln • 1 EL Rohrzucker • 4 EL Olivenöl • 300 g gelbe Zucchini • 600 ml Milch • 75 g Polenta (Maisgrieß) • 1 EL Butter • Pfeffer • Salz • 75 g Parmesan

Für die Beilage den Backofen auf 90 °C vorheizen. Zwiebeln in dicke Spalten schneiden, mit Zucker und Öl vermischt in eine gefettete Auflaufform füllen und etwa 2 Stunden backen.

Zucchini grob raspeln, dann in der Milch langsam aufkochen lassen, Maisgrieß bei geringer Hitze unter ständigem Rühren einrieseln lassen, 3 Minuten ausquellen lassen, Butter unterziehen, würzen und den Käse über die Zucchini-Polenta hobeln. Dann die Schmorzwiebeln über die Polenta verteilen und servieren.

Zucchini-Polenta schmeckt auch mit Tomatengemüse

Nacho-Auflauf

Pro Person:
1 Zwiebel • 100 g Hackfleisch • 1 TL Öl • 1 Tomate • 1 Snack-Paprika • 3–4 EL Maiskörner • 50–75 g Nachos • geriebener Cheddar oder Nachosauce (Fertigprodukt)

Fein gehackte Zwiebel und Hackfleisch im Öl anbraten, klein gehacktes Gemüse zugeben, mit Nachos mischen, in eine passende Auflaufform füllen, mit der Nachosauce oder geriebenem Käse bedecken und ca. 15 Minuten bei 180 °C backen. Zu einem frischen Blattsalat servieren.

Gefüllte Paprika

2 große Paprikaschoten • 1 kleine Zwiebel • 8 Cocktailtomaten • schwarze Oliven • 6 EL Mais • 6 EL Tomatenmark • Salz • 2 EL geriebener Käse • 2–3 EL Semmelbrösel oder ungesüßte Cornflakes • gehackte Petersilie

Paprikaschoten putzen, Kerne entfernen. Zwiebel würfeln, Tomaten und Oliven halbieren. Paprikahälften ca. 2 Minuten mit kochendem Wasser überbrühen, abkühlen lassen. Gemüse mit Tomatenmark mischen, würzen, in die Paprika füllen. Mit Käse, Semmelbröseln oder zerbröselten Cornflakes bestreut bei 175 °C etwa 20 Minuten backen. Mit Petersilie bestreut servieren.

Blumenkohl-Mais-Auflauf

1 Blumenkohl (ca. 500 g) • 3–4 EL Kapern • 4 EL Mais • je 2 Scheiben Toast und würziger Käse (z.B. Chester) • 3 Eier • 3 EL Sahne • Tex-Mex-Gewürz (Seite 75) • 1 EL Butter • 4 Stängel Schnittlauch

140 °C Umluft. Blumenkohl in 2–3 cm dicke Scheiben und dann in so kleine Stücke schneiden, dass sie die Höhe der Auflaufform nicht überragen. Blumenkohlstücke mit Salz kochen, dass sie fast gar, aber noch *al dente* sind. Toast- und Käsescheiben vierteln. Mais und Kapern gut abtropfen lassen.

Auflaufform fetten, Blumenkohlstücke hochkant so einschichten, dass zwischen ihnen noch 1 cm Platz bleibt. Dahinein jeweils ein Stück Toast und ein Stück Käse geben, dann die nächste Scheibe Blumenkohl etc., bis die Form ausgefüllt ist. In die Lücken Mais und Kapern einfüllen. Eier mit Sahne, restlichem Mais und Kapern verquirlen, herzhaft würzen, über die Blumenkohlscheiben gießen, 35 bis 40 Minuten backen, bis die Eiermasse vollständig gestockt ist. Stäbchenprobe. Sollte die Masse noch zu fest sein, aber an der Oberfläche schon dunkel werden, mit einem Stück Alufolie abdecken. In Scheiben schneiden, mit Schnittlauch bestreut zu Tomaten- oder Blattsalat servieren.

Tipp: Statt Kapern kann man auch klein gehackte Gewürzgurken verarbeiten.

Tamale Pie

Für 4 Portionen

je 1 Dose Mais, Tomaten und schwarze Bohnen • 1 Zwiebel • 75 g entsteinte schwarze Oliven • 1 rote Paprika • 500 g Hackfleisch • 4 EL Öl • 2 EL geriebener Cheddar Käse

Maiskruste:
1/8 l Milch • 2 Tassen Maisgrieß • Tex-Mex-Gewürz (Seite 75) • 1 EL Butter • 1 Ei

175 °C. Mais und Bohnen abtropfen lassen. Fein gehackte Zwiebeln, Paprika und Hack im Öl anbraten, Mais, Bohnen, Oliven und Tomaten mit Saft zugeben, würzen und aufkochen. Tem-

peratur herunterschalten und 20 Minuten köcheln lassen. Den Reibekäse zugeben, zerlaufen lassen. Auflaufform einfetten, Hackmasse einfüllen.

Milch erhitzen – nicht kochen – Maisgrieß unter Rühren einrieseln lassen, Butter unterrühren, würzen, zuletzt das Ei unterziehen.

Die Fleischmasse in die Auflaufform füllen, den Grießbrei auf die Fleischmasse streichen und etwa 40 Minuten überbacken, immer wieder mal prüfen. Wenn die Oberfläche zu schnell dunkel wird, mit Alufolie abdecken. Dazu schmeckt ein Blattsalat oder eine Tomatensuppe.

PIKANTE & SÜSSE SNACKS

Maiskolben mit Dips

Maiskolben nach der Anleitung bei Küchentipps (siehe Seite 50/51) kochen bzw. rösten / braten.

Maiskolben entblättern, Maisbart (Fasern zwischen Blättern und Kolben) entfernen, Kolben waschen, trocken tupfen und die Kolbenspitzen und -enden mit den unreifen Körnern abschneiden.

Maiskolben in eine beschichtete Pfanne legen, rundherum mit Olivenöl bestreichen und mit Pfeffer und Salz würzen. Von allen Seiten anbraten und bei mäßiger Hitze und geschlossenem Deckel ca. 15 Minuten garen.

Die Kolben während der Garzeit mehrfach wenden, damit der Mais gleichmäßig gart.

In jedes Ende der **gebratenen Maiskolben** ein Holzspießchen stecken und dann pur, mit Butter bestrichen und Salz bestreut oder mit einem der folgenden Dips servieren.

Tomaten-Salsa

1 Zwiebel • 2 Chilischoten •
2 Knoblauchzehen • 3 EL Olivenöl •
1 Dose stückige Tomaten •
1 EL gehackte Petersilie •
je 1 Prise Pfeffer, Salz und
Paprikapulver • 1 TL Zucker •
1 Spritzer Zitronensaft

Zwiebel, Chili und Knoblauch fein hacken, dann im Öl andünsten. Mit den Tomaten ablöschen, aufkochen, würzen, etwa 5 bis 6 Minuten köcheln, bis die Salsa etwas eindickt. Kurz abgekühlt zu Nachos servieren.

Tipp: Diese Salsa eignet sich auch gut, um Maiskolben vor dem Grillen zu marinieren.

Schneller Onion-Dip

400 g saure Sahne (Sour Cream) • etwas Salatmayonnaise oder Naturjoghurt • 1 Pck. Zwiebelsuppe (Fertigprodukt) • 1 Prise Tex-Mex-Gewürz (Seite 75)

Sahne mit so viel Mayonnaise oder Joghurt verrühren, bis die gewünschte cremige Konsistenz erreicht ist. Dann mit Suppenpulver abschmecken, bis es würzig genug, aber nicht zu salzig ist. Etwa 10 Minuten ziehen lassen und mit einer Prise Tex-Mex abschmecken. Das restliche Suppenpulver bleibt gut verpackt monatelang haltbar.

Käse-Dip

150 ml Dosenmilch • 4 Chilischoten • 100 g geriebener Cheddar Käse • 1 TL Chiliflocken • Tex-Mex-Gewürz (Seite 75)

Milch leicht erwärmen, fein gehackte Chilischoten und Käse unter ständi-

gem Rühren zugeben. Nicht zu heiß werden lassen, nach Geschmack würzen. Vor dem Servieren prüfen, ob der Dip zu scharf geworden ist. In dem Fall mit etwas Mayonnaise oder Joghurt „verlängern".

Nachos aus der Hausküche

250 g Maismehl • 150 g Mehl Type 405 • ½ TL Salz • 6 EL Olivenöl • etwas Rapsöl • 1 TL Paprikapulver • 1 Prise Cayennepfeffer

180 °C O/U. Beide Mehle in einer Schüssel mit Salz, 250 ml Wasser und 2 EL Olivenöl gut verkneten. Den Nacho-

Teig in 8 bis 10 Stücke teilen, dann jedes Teigstück zu einer Kugel formen und auf einer bemehlten Arbeitsfläche so dünn wie möglich ausrollen.

Eine beschichtete Pfanne mit Rapsöl ausreiben und die Teigkreise darin von beiden Seiten ausbacken. Aus den Teigkreisen Nachos schneiden, auf 1 bis 2 mit Backpapier belegte Backbleche verteilen.

Eine Marinade aus 4 EL Olivenöl, Paprikapulver und Cayennepfeffer anrühren und die Nachos damit bestreichen. Nachos (je nach Dicke) ca. 6 bis 10 Minuten backen, abkühlen lassen und mit verschiedenen Dips servieren.

Popcorn süß und salzig

Kinofilme im Fernsehen bekommen erst das richtige Flair, wenn dazu wie im Kino Popcorn angeboten wird. Wer regelmäßig Popcorn machen will, für den lohnt sich die Anschaffung einer Popcorn-Maschine oder von einem Spezialtopf für die Mikrowelle, die wenig Platz wegnehmen. Beide Geräte liegen je nach Anbieter (Internet) zwischen 9,99 € und 56,99 €. Bei beiden braucht man relativ wenig oder gar kein Öl. Wer sein Popcorn in einem normalen Kochtopf zubereiten möchte, braucht etwas Öl.

Popcorn-Grundrezept

pro Person/Portion:
25 g Popcorn-Mais • 2 EL Öl
z. B. Sonnenblumenöl oder
1 Würfel Kokosfett

Den Boden eines möglichst großen Topfes mit Öl oder zerlaufenem Kokosfett dünn bedecken. Herd anstellen, das Fett muss flüssig und heiß sein, sollte aber nicht rauchen. Soviel Popcorn-Körner zugeben, dass sie gerade den Boden bedecken. Schnell den Deckel darauf legen und ab und zu den Topf etwas schütteln. Temperatur herunterstellen und solange dort stehen lassen, bis man keine Pop-Geräusche mehr hört. Deckel abnehmen und das Popcorn gut mit einer Gabel durcheinander wirbeln, damit die Körner nicht matschig werden. Dann das Popcorn in Schalen oder echte Popcorn-Becher (über das Internet bestellbar) füllen und je nach Geschmack salzen oder mit Zucker bestreut servieren.

Bei Popcorn, das zusätzlich überzogen werden soll, darauf achten, ungepoppte Körner sorgfältig auszusortieren. Danach alles auf einem mit Backpapier belegten Backblech ausbreiten und bei 180 °C 5 bis 8 Minuten trocknen. Jede Minute prüfen, damit das Popcorn nicht dunkel wird.

Tipp: Wenn noch Popcorn übrig ist, kann man leckere Cookies daraus machen (siehe Rezepte Seite 116/117).

Pizza-Popcorn

pro Person:
50 g Popcorn-Mais • 3 EL Kokosöl • 1 EL Haferflocken • je 1 TL Tomatenmark, Oregano, Basilikum und Salz • ½ TL Knoblauchpulver • ½ TL Pfeffer

Mit 1 EL Öl das Popcorn wie gewohnt zubereiten. In der Zwischenzeit das restliche Öl mit den übrigen Zutaten gut vermischen und darin das fertige Popcorn löffelweise verrühren. Danach alles auf einem Backblech ausbreiten und bei 180 °C 5 bis 8 Minuten backen. Jede Minute prüfen, damit das Popcorn nicht dunkel wird.

Popcorn-Cookies

150 g Butter • 100 g Rohrzucker • 2 EL weißer Zucker • 1 Prise Salz • 1 Ei (Größe S) • 150 g Mehl • ½ TL Backpulver • ½ TL Natron • 50–60 g Popcorn-Reste

180 °C. Zwei Backbleche mit Backpapier belegen. Butter mit Zucker, Salz und Ei gut verrühren. Mehl mit Backpulver und Natron mischen und mit dem Butter-Zucker-Mix zu einem weichen Teig verkneten. Zuletzt das Popcorn so unterziehen, dass das Popcorn überall mit Teig bedeckt ist. Mit dem Eisportionierer oder einem großen Löffel Kugeln abstechen und mit etwas Abstand auf den Backblechen verteilen. 13 bis 15 Minuten hellbraun

backen, dann auf einem Kuchengitter abkühlen lassen.

WICHTIG: Ist das Popcorn gezuckert oder karamellisiert, nur 1 EL weißen Zucker zugeben.

Schokoladen-Popcorn-Cookies

150 g gemahlene Haferflocken • 1 EL Kakao • 1 EL gemahlene Mandeln • 1 Prise Salz • 2 EL Zucker • 1 TL Backpulver • ½ TL Natron • 60 g Kokosöl • 1 Ei • 3 EL Milch • 3 EL Ahornsirup • ca. 60 g gesalzenes Popcorn • evtl. 1 EL grob gehackte Schokolade • 1 Prise Zimt

180 °C. Alle Zutaten der Reihe nach miteinander verkneten, zuletzt vorsichtig das Popcorn unterkneten und auf Wunsch Schokolade und zur Weihnachtszeit den Zimt unterheben. Backblech mit Backpapier belegen, gleich große Cookies formen und mit etwas Abstand auf das Backpapier legen. Nach 10 Minuten prüfen, ob sie „durchgegart" sind, evtl. noch 5 Minuten im Ofen lassen. Auf einem Kuchengitter abkühlen lassen.

Mais-Waffeln herzhaft und süß

1 EL Butter • je 100 g Mais- und Weizenmehl • 1 TL Backpulver • 1 Prise Salz • 1 Ei • etwas Milch • etwas Fett für das Waffeleisen • 2 EL geriebener Käse • Tex-Mex-Gewürz • Zucker nach Geschmack

Butter zerlassen. Mehle mit Backpulver und Salz mischen, die abgekühlte Butter unterrühren. Das Ei trennen, Eigelb unter das Mehl rühren. Das Eiweiß steif schlagen und unter die Mischung heben. So viel Milch unterrühren, dass eine zähflüssige Masse entsteht.

Will man eine süße Waffel zum Nachtisch haben, die Masse teilen und eine Hälfte beiseite stellen. In die erste Hälfte den Käse unterrühren, kräftig würzen.

Waffeleisen fetten, auf hohe Temperatur einstellen und den Teig auf der unteren Fläche verteilen. Wenn die Waffel fertig ist, den Teig für die süße Waffel süßen und wie die andere Waffel backen.
Achtung: Durch den Zucker kann sie leicht zu dunkel werden.

Tipp: Mais-Waffeln sind nicht so fluffig wie „normale" Waffeln, sondern knusprig. Sie sollten warm gegessen werden. Zum „Aufheben" nicht aufeinander stapeln, sie werden sonst weich, sondern auf einem Kuchengitter auskühlen lassen. Zum Aufwärmen 15 Sekunden in die Mikrowelle stellen.

BASTELN MIT MAIS

Essbare Bilder

Aus Maiskörnern können Kinder Bilder auf Pappe aufkleben, z.B. Vögel, Küken, Katzen oder witzige Gesichter etc. Für Augen, Schnäbel etc. kann man Sonnenblumen- und Kürbiskerne, Mohn oder schwarzen Sesam nehmen. Für den „Klebstoff" 1 EL Speisestärke mit 5 EL kaltem Wasser gründlich verrühren. Im Wasserbad unter Rühren erwärmen, bis die Masse am Teelöffel klebt. Umriss auf Pappe zeichnen, mit dem Klebstoff bestreichen und dann das Motiv mit den Maiskörnern etc. gestalten.

Seifenblasen aus Maissirup

300 ml destilliertes Wasser (Drogerie), 90 ml Spülmittel und 40 ml Maissirup gut mischen, 1 Stunde stehen lassen. Nun nochmal gut verrühren. Mit einem dicken Plastiktrinkhalm ansaugen und dann blasen. Gut, wer noch ein Blasgerät aus dem „Pustefix" hat. Mit dem kann man sensationell große Blasen hinkriegen.

Die Maissirup-Blasen werden viel größer und halten länger als mit einer normalen Seifenlösung, denn die Isoglucose hält die Blasen zusammen. Ideal für einen Kindergeburtstag oder eine Party.

Natürliche Fingerfarben

½ Tasse Maisstärke und 1–2 EL Salz mit etwas Wasser zu einem weichen Brei vermischen. Soviel Lebensmittelfarbe zugeben und verrühren, bis die gewünschte Farbintensität erreicht ist. Sind die Kinder schon größer, kann man mit ihnen aus Karotten, Roter Bete, Kurkuma, Spinat und Heidelbeeren selbst Farben herstellen (reiben und dann ausdrücken). Alle Farben können mit Wasser z. B. in der Badewanne leicht wieder entfernt werden.

Knet- und Badeseife

2 EL Maisstärke, je 1 EL Duschgel oder flüssige Seife und Maiskeimöl vermischen. Die dabei entstandene Masse kann das Kind verkneten, dann ausrollen und mit Ausstechern oder einem Glas ausstechen. Mit der selbst hergestellten, zartgelben Seife waschen sich Kinder garantiert lieber die Hände. Da die Seife leicht bröselt, am besten in einem Schraubglas aufbewahren.

REZEPTVERZEICHNIS

BILDNACHWEIS

Titelfoto: Karolin Baitinger, Unsplash.com
Innenfotos: Seite 2, 11, 27, 31, 33, 74, 109, 121: Pixabay.com; Seite 7: Monika Borys, Unsplash.com; Seite 17: Mark Skipper (CC-BY-SA 2.0 generisch); Seite 20: Bernardo Bolaños (CC-BY-SA 3.0 nicht portiert); Seite 39, 41, 43, 52, 61, 63, 69, 71, 81, 85, 89, 93, 95, 101, 102, 107, 115: Colourbox.de; Seite 55, 59, 79: Carola Ruff; Seite 109: Isabella Mendes, Unsplash.com; Seite 125: Giu Vicente, Unsplash.com